오십에 쓰는

도덕경 道德經

작가소개,

한치선(타타오)

30여 년간 붓과 펜을 벗 삼아 문자(한자, 한글)와 더불어 살았으며, 지금은 유튜브 서예 채널 〈타타오 캘리아트〉와 〈타타오 서재〉, 깐징월드 인문학 채널 〈타타오 뜨락〉을 운영하며, 온·오프라인을 통해 활발히 활동 중입니다.

EBS 평생학교 〈한치선의 난생처음 붓글씨 쓰기〉, 클래스101 〈오늘부터 예쁘고 품격 있는 손글씨〉, 유튜브 채널 〈타타오 캘리아트〉의 멤버십 〈유튜브 서예학원〉을 통해 온라인 강의도 진행하고 있습니다.

《경기도 서예대전》 운영위원을 역임했으며, 《추사 김정희선생 추모 전국휘호대회》 심사 등 다수의 서예대전에서 심사위원으로 참여하였습니다.

지은 책으로는 「오십에 쓰는 채근담」, 「오십에 쓰는 천자문」, 「당신의 품격을 올려주는 손글씨」, 「가장 쉬운 독학 타타오의 서예 첫걸음」 등이 있습니다.

도덕경(道德經)은,

동양에서는 공자의 유가와 노자의 도가가 사상의 양대 축을 이루고 있습니다. 그 것은 중국을 중심으로 발달해왔으나 우리나라에서도 깊은 연구가 이뤄지고 있습니다. '유가가 깊어지면 궁극에서 도가와 만난다'는 말이 있습니다. 논어(論語)나 맹자(孟子)가 현실적 삶의 길을 이야기했다면, 노자의 도덕경(道德經)은 생사를 아우르는 커다란 조망을 우리에게 제시합니다. 즉 도덕경은 80년 인생에 초점을 맞춘 것이 아니라, 마음과 생명 그리고 우주에 대한 깊고 광대한 사상의 정수라고 할 수 있습니다. 유가가 인의예지신(仁義禮智信)을 본체로 세운다면 도가는 무위자연(無爲自然)을 중심사상으로 내세웁니다. 사유의 깊이가 세인의 측량을 아득히 넘어서곤 하기에 그 내용은 신비롭고 깊을 수밖에 없습니다. 그래서 자꾸 써보면서 눈과 손, 입과 귀, 뇌를 모두 가동하기에 아주 적격이라 할 수 있습니다. 도덕경의 내용 전체는 총 81장이며 상편 37장을 [도경], 하편 44장을 [덕경]이라고 하는데 이 책은 상편 전문을 다루고 있습니다. 이 책을 필사하는 과정에서 한 분 한 분의 의식이 트이고 밝아져서 세상의 도덕을 비추고 창성하게 하는 계기가 되기를 바랍니다.

필사를 위한 준비,

이 책의 체본은 붓펜으로 썼습니다. 많은 필기구 중에서 붓펜을 고른 이유는 힘의 가감이나 압력을 가장 예민하게 보여줄 수 있는 서사 도구이기 때문입니다. 하지만 그만큼 초심자분들이 컨트롤하기 어려운 점도 있습니다. 독자께서는 굳이 붓펜이 아니더라도 자신에게 잘 맞고 휴대성과 접근성이 편리한 중성펜 등으로 필사하시길 추천해 드립니다.
필사는 기법만이 아니라 심법(心法)도 아주 중요합니다. 문자(文字)란 생명과 사상을 담은 그릇이고, 그렇기에 필사하는 행위 자체가 하나의 인성수양(人性修養)이며 도야(陶冶)라고 할 수 있습니다.

책 활용법,

이 책은 한자 필순이나 기본획 쓰는 방법을 설명하고 있어 별도로 서예를 배우지 않은 사람도 기본적인 한자 쓰기가 가능합니다. 문장 따라 쓰기에서는 인문학자이 자 서예가인 작가가 정리한 문장을 읽으며 의미를 되새기고 따라 쓰며 그 운치를 헤아릴 수 있도록 하였습니다.

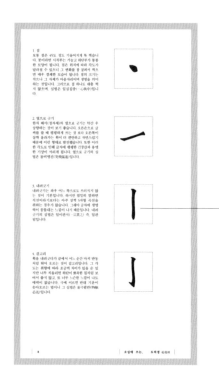

필사를 위한 도구와 마음 자세, 10여 가지의 한자 필순 원칙을 익힐 수 있습니다. 한 자를 쓸 때 이 부분만 염두에 둬도 기본적인 한자 쓰기가 훨씬 안정될 것입니다.

서예에서 가장 중요한 쓰기 방법인 '영자팔법(永字八法)' 과 기본획을 쓰는 방법에 관 해 설명합니다. 한자를 구성 하는 기본획의 필법을 익히 면, 한자 쓰기의 기본기가 갖 춰져 아름다운 한자 쓰기가 가능합니다.

도덕경의 내용 전체는 총 81 장이며 상편 37장을 [도경], 하편 44장을 [덕경]이라고 합 니다. 여기에서는 상편 전문 을 다루고 있습니다.

도덕경(道德經)은 생사를 아 우르는 커다란 조망을 우리 에게 제시합니다. 마음과 생 명 그리고 우주에 대해 깊고 광대한 사상의 정수라 할 수 있습니다. 작가의 해설을 통 해 그 깊이를 느끼시길 바랍 니다.

인쇄용 서체가 아닌 작가가 직접 쓴 해서체 체본 위에 따라 쓰며 작가의 심법을 더욱 세밀하게 배울 수 있도록 하였습니다.

다시 한번 작가의 서체를 세밀하게 관찰한 후 자신만의 한자 쓰기를 할 수 있도록 했습니다. 작가의 수려한 글씨체를 본받아 도덕경의 심오한 문구를 써보세요.

도가는 무위자연(無爲自然)을 중심사상으로 내세웁니다. 사유의 깊이가 세인의 측량을 아득히 넘어서곤 하기에 내용이 신비롭고 깊을 수밖에 없습니다. 한 번 더 작가의 체본을 따라 써보면서 눈과 손, 입과 귀, 뇌를 모두 가동하기에 아주 적격입니다. 필사하는 과정에서 의식이 트이고 밝아져서 세상의 도덕을 비추고 창성하게 하는 계기가 되기를 바랍니다.

한자 필순의 원칙,

한자에서 필순은 무척 중요합니다. 그렇지만 너무 경직되어 틀에만 얽매일 필요는 없습니다. 기본적인 이치와 원리를 이해하면 큰 틀은 자연스럽게 손에 익을 것입니다. 다음 기본 원칙을 이해하고 적용해 봅시다.

1. 위에서 아래로 씁니다. 물이 위에서 아래로 흐르는 이치입니다.

2. 왼쪽에서 오른쪽으로 씁니다. 왼쪽이 안이고 오른쪽이 비깥이니, 안에서 밖으로 향함이 순서입니다.

3. 가로획과 세로획이 겹칠 때는 가로획을 먼저 씁니다. 가로가 음(陰)이고 세로가 양(陽)이니, 음양의 순서입니다.

4. 좌우 대칭을 이루는 글자는 가운데 획을 먼저 쓰고, 좌우의 순서로 씁니다. 기준 획을 먼저 써야 균형을 맞추기 편리하기 때문입니다.

5. 글자 전체를 세로로 꿰뚫는 획은 맨 마지막에 씁니다(예: 中(가운데 중). 일관 (一貫)하는 의미가 있기 때문입니다).

7. 삐침과 파임이 만날 때는 삐침을 먼저 씁니다. 삐침이 음(陰), 파임이 양(陽)입 니다.

8. 몸(한자에서 글자의 바깥 부분을 에워싸고 있는 부수 '國', '匹'에서 '囗', '匚' 따위)과 안으로 된 글자는 몸을 먼저 씁니다. 그래야 크기를 정하기 쉽기 때문입 니다. 집을 지어 두고 식구들이 들어가는 것과 같은 이치입니다.

9. 오른쪽 위의 '점'과 안의 '점'은 맨 마지막에 찍습니다. 이때 점은 마침표와 같은 기분입니다.

10. 받침 중 '走', '是'는 먼저 씁니다. 그것이 의미부(글씨에서 의미를 나타내는 부 분)이기 때문입니다.

11. 받침 중 '辵', '辶'은 맨 마지막에 씁니다. 이것 또한 의미부이나, 간단하게 만들 었기 때문에 마지막에 써서 글자를 받쳐줍니다.

영자팔법(永字八法),

서예에서 중요한 이론 중에 '영자팔법(永字八法)'이 있습니다. '永(길영)'이라는 한 글자 속에는 한자의 거의 모든 기본획이 포함되어 있습니다. 그래서 서예의 기초 단계에서 이 글자로 연습하곤 합니다. 서예뿐만 아니라 펜글씨에서도 그 활용도는 동일하다고 생각이 됩니다. 현대에 와서는 '영자팔법'의 깊은 뜻이 상실되었으나 본서에서는 그 심법과 함께 되살려 보겠습니다.

1. 점

보통 점은 45도 정도 기울어지게 툭 찍습니다. 붓이라면 시작부는 가늘고 하단부가 통통한 모양이 됩니다. 점은 위치에 따라 각도가 달라질 수 있으니 그 변화를 잘 살펴서 찍으면 매우 경쾌한 모습이 됩니다. 점의 크기는 작으나 그 자체가 마음자리이며 생명을 의미하는 것입니다. 그러므로 점 하나도 대충 찍지 않으며, 심법은 일심집중(一心執中)입니다.

2. 옆으로 긋기

한자 해서(정자체)의 옆으로 긋기는 약간 우상향하는 것이 보기 좋습니다. 오른손으로 글씨를 쓸 때 평평하게 쓰는 것 보다 오른쪽이 살짝 올라가는 획이 더 편안하고 자연스럽기 때문에 이런 형태로 발전했습니다. 또한 이러한 각도로 인해 글자에 팽팽한 긴장감과 용맹한 기상이 서리게 됩니다. 옆으로 긋기의 심법은 돌비맹진(突飛猛進)입니다.

3. 내려긋기

내려긋기는 좌우 어느 쪽으로도 쓰러지지 않는 것이 기본입니다. 하지만 엄밀히 말하면 직선이라기보다는 아주 살짝 S자형 곡선을 취하는 경우가 많습니다. 그래야 글자에 생명력이 꿈틀대는 느낌이 나기 때문입니다. 내려긋기의 심법은 일이관지(一以貫之) 즉, 일관됨입니다.

4. 갈고리

획을 내려긋다가 끝에서 어느 순간 마치 반동처럼 튀어 오르는 것이 갈고리입니다. 그 각도는 취향에 따라 조금씩 차이가 있을 순 있지만 너무 치올리면 하단이 뾰족한 침처럼 보여서 좋지 않고, 또 너무 느슨한 느낌이 나도 매력이 없습니다. 극에 이르면 반대 기운이 솟아오르는 법이니 그 심법은 물극필반(物極必返)입니다.

5. 삐쳐 올림

시작부는 쿡 찍어주고 위로 짧게 뽑아 올리는 획입니다. 삼수변(氵)의 세 번째 획과 같은 경우입니다. 삐쳐 올리는 각도는 다음 획이 시작하는 지점을 향하는데, 이러한 율동성을 필세(筆勢)라고 합니다. 이것은 물이 흐르는 듯한 흐름이므로 심법은 행운유수(行雲流水)입니다.

6. 삐침

한자에서 삐침이라는 획은 매우 중요합니다. 시작부에서 왼쪽 하단을 향해 내려오며 끝은 딱 맺지 않고 시원하게 뽑아줍니다. 삐침은 원래 '비침'에서 유래한 말로 태양 빛이 비치는 형상과 닮았습니다. 그러므로 날카로운 칼처럼 뽑는 것이 아닌, 온유하면서도 멀리 뻗어 나가는 획을 그어야 합니다. 심법은 기러기가 비스듬히 모래펄 위로 내려앉는 형국인 평사낙안(平沙落雁)입니다.

7. 쪼음

쪼음은 상단에서 쿡 찍어서 짧고 야무지게 뽑아 내리는 획입니다. 보통 이 획이 나오면 다음 순서로 크고 웅장한 획이 나오게 됩니다. 그래서 욕심을 버리고 큰일을 위해 준비를 한다는 마음으로 써야 합니다. 심법은 과유불급(過猶不及)입니다.

8. 파임

파임은 한자의 꽃이라고 할 만큼 웅장하고 아름다운 획입니다. 시작은 우측 하단을 향해 가늘게 내려오다가 최대한 필압(글 쓸 때 누르는 정도)을 주어 굵게 눌러주고, 다시 가늘게 살짝 우측으로 뽑으며 마무리합니다. 이처럼 장중한 획을 펼칠 때의 심법은 건곤일척(乾坤一擲)입니다.

道可道 非常道, 名可名 非常名. 無名 天地之始, 有名 萬物之母. 故常無欲以觀其妙, 常有欲以觀其傲.

도가도 비상도, 명가명 비상명. 무명 천지지시, 유명 만물지모. 고상무욕이관기묘, 상유욕이관기교.

도라고 하는 것은 세상의 도를 이르는 것이 아니며, 지어진 이름 역시 세상의 명칭을 이르는 게 아니다. 이름이 없으니 천지의 비롯함이요, 이름을 부여하자면 만물의 어미라 한다. 그러므로 욕심이 없으면 그 묘함을 보고, 욕심이 있으면 늘 그 가장자리만 본다.

道	可	道	非	常	道	,	名	可
名		非	常	名	.	無	名		天
地	之	始	,	有	名		萬	物	之
母	.	故	常	無	欲	以	觀	其	妙	,
常	有	欲	以	觀	其	傲	.		此	兩

此兩者同, 出而異名. 同謂之玄. 玄之又玄. 衆妙之門.

차량자동. 출이이명. 동위지현. 현지우현. 중묘지문.

그런데 이 둘은 같은 것, 나오면서 이름만 달리했을 뿐이다. 그 같은 것을 일컬어 현묘하다고 한다.
현묘하고 현묘하여라! 모든 묘함이 이 문에서 나오느니라.

者同, 出而異名. 同謂

之玄. 玄之又玄. 衆妙

之門.

차량자동. 출이이명. 동위지현. 현지우현. 중묘지문.

그런데 이 둘은 같은 것, 나오면서 이름만 달리했을 뿐이다. 그 같은 것을 일컬어 현묘하다고 한다.
현묘하고 현묘하여라! 모든 묘함이 이 문에서 나오느니라.

天下皆知美之爲美 斯惡已, 皆知善之爲善 斯不善已. 故有無
相生, 難易相成, 長短相形, 高下相傾, 音聲相和, 前後相隨.

천하개지미지위미 사악이, 개지선지위선 사불선이. 고유무상생, 난이상성, 장단상형, 고하상경, 음성상화, 전후상수.

천하가 모두 아름답다고 하는 것은 이미 추한 것이며, 천하가 모두 좋다고 하는 것이 이미 좋은 것이
아니다. 그리하여 있고 없음은 서로를 낳고, 어렵고 쉬움이 서로를 성장시키며, 길고 짧음은 서로 비교
를 이루고, 높고 낮음은 서로 기울게 하며, 노래와 소리는 서로 어울리고, 앞과 뒤는 서로 따름이라.

天 下 皆 知 美 之 爲 美　斯

惡 已,　皆 知 善 之 爲 善

斯 不 善 已.　故 有 無 相 生,

難 易 相 成,　長 短 相 形,

高 下 相 傾,　音 聲 相 和,

前 後 相 隨.　是 以　聖 人

天 下 皆 知 美 之 爲 美　斯

惡 已,　皆 知 善 之 爲 善

斯 不 善 已.　故 有 無 相 生,

難 易 相 成,　長 短 相 形,

高 下 相 傾,　音 聲 相 和,

前 後 相 隨.　是 以　聖 人

是以 聖人處無爲之事, 行不言之敎. 萬物作焉而不辭, 生而不
有, 爲而不恃, 功成而不居. 夫唯不居, 是以不去.

시이 성인처무위지사, 행불언지교. 만물작언이불사, 생이불유, 위이불시. 공성이불거. 부유불거. 시이불거.

그러므로 성인은 아무것도 추구함이 없음에 머물고, 말없이 행함으로 가르친다. 모든 것을 만들면서
도 말하지 않고, 모든 것이 생겨나도 기지려 않으며, 모든 것을 위히면서도 지랑히지 않고, 모든 것
을 이루고도 머물지 않는다. 머무르지 않으니, 떠날 것도 없다.

處無爲之事, 行不言之
敎. 萬物作焉而不辭,
生而不有, 爲而不恃,
功成而不居. 夫唯不居,
是而不去.

處無爲之事, 行不言之
敎. 萬物作焉而不辭,
生而不有, 爲而不恃,
功成而不居. 夫唯不居,
是而不去.

不尚賢 使民不爭. 不貴難得之貨 使民不爲盜. 不見可欲 使民心不亂. 是以聖人之治 虛其心, 實其腹, 弱其志, 強其骨.

불상현 사민부쟁. 불귀난득지화 사민불위도. 불견가욕 사민심불란. 시이성인지치 허기심, 실기복, 약기지, 강기골.

똑똑한 것을 숭상하느니 사람들이 다투지 않게 하라. 얻기 어려운 재물을 귀히 여기지 않음으로써 백성들이 훔치지 않게 하라. 욕심에 집착하지 않음으로써 사람들의 마음이 어지럽지 않게 하라. 이처럼 성인의 다스림은 욕심을 비우고, 배를 든든히 채우며, 뜻을 부드럽게 하고, 뼈를 강하게 한다.

*배를 채운다는 것은 단전을 맑은 기운으로 채움을 뜻한다는 설도 있다. *弱其志, 強其骨은 외유내강(外柔內剛)을 이른다.

不尚賢　使民不爭.　不
貴難得之貨　使民不爲
盜.　不見可欲　使民心
不亂.　是以聖人之治
虛其心,　實其腹,　弱其

不尚賢　使民不爭.　不
貴難得之貨　使民不爲
盜.　不見可欲　使民心
不亂.　是以聖人之治
虛其心,　實其腹,　弱其

常使民無知無欲, 使夫知者不敢爲也. 爲無爲 則無不治.

상사민무지무욕, 사부지자불감위야. 위무위 즉무불치.

언제나 백성들을 천진하게 하고 욕심을 없게 하여, 꾀 있는 자들이 감히 행하지 못하게 하라. 무위로 행하면 다스려지지 않는 것이 없다.

志, 强其骨. 常使民無
知無欲, 使夫知者不敢
爲也. 爲無爲 則無不
治.

志, 强其骨. 常使民無

知無欲, 使夫知者不敢

爲也. 爲無爲 則無不

治.

상사민무지무욕, 사부지자불감위야. 위무위 즉무불치.

언제나 백성들을 천진하게 하고 욕심을 없게 하여, 꾀 있는 자들이 감히 행하지 못하게 하라. 무위로 행하면 다스려지지 않는 것이 없다.

道沖而用之. 或不盈 淵兮似萬物之宗. 挫其銳, 解其紛, 和其光
同其塵. 湛兮似或存吾不知誰之子, 象帝之先.

도충이용지. 혹불영 연혜사만물지종. 좌기예, 해기분, 화기광 동기진. 담혜사혹존 오불지수지자, 상제지선.

도는 비어 있기에 그 쓰임이 있다. 혹여 가득 차지 않아도 심연처럼 깊어 만물의 으뜸 같구나. 내 모
난 것은 다듬어주고, 맺힌 것은 풀어주며, 내 잘난 점은 숨기어 세상 티끌 속에 어울리게 하리. 담담
하여라! 뭔가 존재하는 듯 하나 나는 그 실체를 알지는 못하며, 다만 상제(天신)보다 먼저 있음은
분명하여라.

道 沖 而 用 之.　　或 不 盈

淵 兮 似 萬 物 之 宗.　　挫 其

銳,　解 其 紛,　　和 其 光

同 其 塵.　　湛 兮 似 或 存

吾 不 知 誰 之 子,　　象 帝 之

先.

道 沖 而 用 之.　　或 不 盈

淵 兮 似 萬 物 之 宗.　　挫 其

銳,　解 其 紛,　　和 其 光

同 其 塵.　　湛 兮 似 或 存

吾 不 知 誰 之 子,　　象 帝 之

先.

天地不仁 以萬物爲芻狗. 聖人不仁 以百姓爲芻狗. 天地之間
其猶槖籥乎. 虛而不屈, 動而愈出. 多言數窮, 不如守中.

천지불인 이만물위추구. 성인불인 이백성위추구. 천지지간 기유탁약호. 허이불굴. 동이유출. 다언삭궁. 불여수중.

천지는 무심하니 만물을 지푸라기 개로 여긴다. 성인도 무심하니 백성들을 지푸라기 개로 여긴다. 하늘과 땅 사이는 마치 풀무와 같다. 비어 있으니 꺾임이 없고, 움직일수록 더 많은 것이 나온다. 말이 많으면 궁색해지곤 하니, 중심을 지킴만 못하다.

*지푸라기 개- 짚을 엮어 개 모양으로 만든 장난감. 즉, 헛껍데기 같은 것을 상징한다. *천지도, 성인도 정에 매이지 않아 사사로운 집착이 없다는 뜻. *삭(數): 자주

天地不仁 以萬物爲芻

狗. 聖人不仁 以百姓

爲芻狗. 天地之間 其

猶槖籥乎. 虛而不屈,

動而愈出. 多言數窮,

不如守中.

谷神不死, 是謂玄牝. 玄牝之門 是謂天地根. 綿綿若存, 用之不勤.

곡신불사, 시위현빈. 현빈지문 시위천지근. 면면약존, 용지불근.

곡신(근원입자)은 죽지 않나니, 그것은 신비로운 암컷(골짜기)이라 한다. 신비로운 암컷의 자궁문은 천지만물의 근원이라 한다. 끊어질 듯하면서도 면면히 이어지고, 아무리 써도 다함이 없다.

谷神不死,　是謂玄牝.
玄牝之門　是謂天地根.
綿綿若存,　用之不勤.

谷神不死,　是謂玄牝.

玄牝之門　是謂天地根.

綿綿若存,　用之不勤.

곡신불사, 시위현빈. 현빈지문 시위천지근. 면면약존, 용지불근.

天長地久. 天地所以能長且久者 以其不自生. 故能長生. 是以聖人後其身而身先, 外其身而身存. 非以其無私耶 故能成其私.

천장지구. 천지소이능장차구자 이기불자생. 고능장생. 시이성인후기신이신선. 외기신이신존. 비이기무사야 고능성기사.

하늘과 땅은 가이없다. 하늘과 땅이 끝이 없는 까닭은 스스로를 드러내려고 굳이 애쓰지 않기 때문이다. 그러기에 오래 갈 수 있는 것이다. 성인은 몸을 뒤에 두기에 앞설 수 있고, 몸을 버림으로써 몸을 보존한다. 사사로운 마음을 앞세우지 않기에 능히 자신을 이룰 수 있다.

天 長 地 久. 天 地 所 以 能

長 且 久 者 以 其 不 自 生.

故 能 長 生. 是 以 聖 人 後

其 身 而 身 先, 外 其 身 而

身 存. 非 以 其 無 私 耶

故 能 成 其 私.

天 長 地 久. 天 地 所 以 能

長 且 久 者 以 其 不 自 生.

故 能 長 生. 是 以 聖 人 後

其 身 而 身 先, 外 其 身 而

身 存. 非 以 其 無 私 耶

故 能 成 其 私.

上善若水 水善利萬物而不爭, 處衆人之所惡. 故幾於道. 居善地
心善淵. 與善仁 言善信 正善治. 事善能 動善時. 夫唯不爭 故無尤.

상선약수 수선리만물이불쟁, 처중인지소악, 고기어도, 거선지 심선연, 여선인 언선신 정선치, 사선능 동선시, 부유불쟁 고무우.

가장 훌륭한 것은 물과 같으니 물은 만물을 이롭게 하면서도 다투지 아니하고, 모두가 싫어하는 곳
(낮은 곳)에 자신을 둔다. 그러기에 물은 도에 가장 가까운 것이다. 착한 자리를 거처로 삼고 마음은
맑은 연못 같이 하라. 착하고 어진 이와 함께 하고 말은 믿음직하게 하며 다스릴 때는 바르게 하라.
일을 할 때는 최선을 다하고 때를 가려 하라. 저 물은 다투는 일이 없으니 허물을 남기지도 않는다.

上善若水　水善利萬物

而不爭,　處衆人之所惡.

故幾於道.　居善地　　心

善淵.　與善仁　言善信

正善治.　事善能　動善

時.　夫唯不爭　故無尤.

持而盈之 不如其已. 揣而銳之 不可長保. 金玉滿堂 莫之能守.
富貴而驕 自遺其咎. 功遂身退 天之道.

지이영지 불여기이. 췌이예지 불가장보. 금옥만당 막지능수. 부귀이교 자유기구. 공수신퇴 천지도.

가지고도 더 채우려 함은 적당할 때 멈추는 것만 못하다. 너무 날카로운 칼은 오래 유지하기 어렵다. 금은보화가 집에 가득해도 능히 이를 지키는 것만 못하다. 부귀를 누리면서 교만하면 스스로에게 허물을 남기는 것이다. 공을 세운 후에는 물러서는 것이 하늘의 도이니라.

*재화를 끊임없이 늘리려 하기 보다는 현재 주어진 것에 만족하고 지킴이 낫다.

持而盈之　不如其已.

揣而銳之　不可長保.

金玉滿堂　莫之能守.

富貴而驕　自遺其咎.

功遂身退　天之道.

21

載營魄抱一 能無離乎. 專氣致柔 能嬰兒乎. 滌除玄覽 能無疵
乎. 愛民治國能無爲乎. 天門開闔能爲雌乎.

재영백포일 능무리호. 전기치유 능영아호. 척제현람 능무자호. 애민치국 능무위호. 천문개합 능위자호.

육체에 도 하나를 실어 능히 떠나지 않을 수 있겠는가? 기운을 오롯이 부드럽게 하여 능히 아이 같을
수 있겠는가? 마음 거울을 씻고 닦아서 티끌 하나 없게 할 수 있겠는가? 백성을 사랑하고 나라를 다스
림에 무위로 할 수 있겠는가? 하늘 문을 열고 닫음에 암컷처럼 그리 할 수 있겠는가?

*무위(無爲): 보상을 추구함이 없이 행위함. *천문(天門): 1. 만물을 생성하는 문. 2, 일체 감각의 문(5감) 3, 호흡
의 문(코) *암컷(雌): 텅 빈 골짜기의 신과 같이 신령한 의식 상태

載	營	魄	抱	一		能	無	離	乎	.
專	氣	致	柔			能	嬰	兒	乎	.
滌	除	玄	覽			能	無	疵	乎	.
愛	民	治	國			能	無	爲	乎	.
天	門	開	闔			能	爲	雌	乎	.

載	營	魄	抱	一		能	無	離	乎	.
專	氣	致	柔			能	嬰	兒	乎	.
滌	除	玄	覽			能	無	疵	乎	.
愛	民	治	國			能	無	爲	乎	.
天	門	開	闔			能	爲	雌	乎	.

明白四達 能無知乎. 生之畜之. 生而不有, 爲而不恃, 長而不宰, 是謂玄德

명백사달 능무위호. 생지축지. 생이불유, 위이불시, 장이불재, 시위현덕.

명백하게 모든 것을 알고서도 그 앎에도 집착하지 않을 수 있겠는가? (도는) 만물을 낳고 기른다. 낳았으되 소유하지 않고, 일을 하되 의지하지 않으며, 키우되 지배하지 않으니, 이를 일컬어 현묘한 덕이라 한다.

*能無知乎: 과시욕을 내려놓음을 말함.

明 白 四 達　能 無 知 乎.

生 之 畜 之.　生 而 不 有,

爲 而 不 恃,　長 而 不 宰,

是 謂 玄 德.

明 白 四 達　能 無 知 乎.

生 之 畜 之.　生 而 不 有,

爲 而 不 恃,　長 而 不 宰,

是 謂 玄 德.

三十輻共一 當其無 有車之用. 埏埴以爲器 當其無 有器之用.
鑿戶牖以爲室 當其無 有室之用. 故有之以爲利 無之以爲用.

삼십폭공일 당기무 유차지용. 연식이위기 당기무 유기지용. 착호유이위실 당기무 유실지용. 고유지이위리 무지이위용

서른 개 바퀴살이 하나로 모이는데 그 중심이 비어 있으므로 수레의 쓸모가 있게 된다. 진흙을 빚어 그릇을 만드는데 그 속이 비어 있으므로 그릇의 쓸모가 있게 된다. 문과 창을 뚫어 방을 만드는데 가운데가 비어 있기 때문에 방의 쓸모가 있게 된다. 그러므로 있음의 이로움은 없음이 쓸모가 있기 때문이다.

三十輻共一　　當其無

有車之用.　　埏埴以爲器

當其無　　有器之用.　　鑿

戶牖以爲室　　當其無

有室之用.　故有之以爲

利　　無之以爲用.

五色令人目盲, 五音令人耳聾, 五味令人口爽. 馳騁畋獵令人心發狂, 難得之貨令人行妨. 是以聖人爲腹 不爲目. 故去彼取此.

오색령인목맹, 오음령인이롱, 오미령인구상. 치빙전렵령인심발광, 난득지화령인행방. 시이성인위복 불위목. 고거피취차.

오색으로 사람의 눈이 멀게 되고, 다섯 가지 음으로 사람의 귀가 멀게 되며, 다섯 가지 맛으로 사람의 입맛이 어긋나게 된다. 말달리기 사냥하기로 사람의 마음이 광분하고, 얻기 어려운 재물로 사람의 행동이 그르게 된다. 성인은 배를 위하고 눈을 위하지 않는다. 그러므로 후자는 뒤로하고 전자를 취하라. *육신의 감각은 본래의 공능에 비해 매우 제한적이라는 뜻이다. *배를 위한다는 것은 단전의 공력을 충만케 함을 이르며, 눈은 육체감각의 대표로 육체적 감각에 휘둘리지 않음을 말하는 것이다. *후자: 육체의 제한적 감각, 전자: 생명의 본원적 공력

五色令人目盲, 五音令

人耳聾, 五味令人口爽

馳騁畋獵令人心發狂,

難得之貨令人行妨. 是

以聖人爲腹 不爲目.

故去彼取此.

寵辱若驚 貴大患若身. 何謂寵辱若驚. 寵爲下 得之若驚 失之
若驚. 是謂寵辱若驚. 何謂貴大患若身.

총욕약경 귀대환약신. 하위총욕약경. 총위하 득지약경 실지약경. 시위총욕약경. 하위귀대환약신.

사람들은 총애를 받아도 놀라고 수모를 당해도 놀라니 그런 환란을 내 몸처럼 귀하게 여기는구나. 총애를 받아도 놀라고 수모를 당해도 놀란다는 것은 무슨 뜻인가? 총애는 윗사람에게 받는 것이므로 내가 그 아래에 있다는 뜻이니 윗사람의 총애를 받아도 호들갑 떨지 말아야 하며 윗사람의 총애를 잃어도 낙담할 일이 아니다. 이것을 일러 총욕약경이라고 한다.

*총애를 받고 잃는 것은 모두 관계성의 일일뿐, 내 본체와는 무관하다.

寵 辱 若 驚　　貴 大 患 若 身
何 謂 寵 辱 若 驚.　　寵 爲 下
得 之 若 驚　　失 之 若 驚.
是 謂 寵 辱 若 驚.　　何 謂 貴
大 患 若 身.　　吾 所 以 有 大

寵 辱 若 驚　　貴 大 患 若 身

何 謂 寵 辱 若 驚.　　寵 爲 下

得 之 若 驚　　失 之 若 驚.

是 謂 寵 辱 若 驚.　　何 謂 貴

大 患 若 身.　　吾 所 以 有 大

吾所以有大患者 爲吾有身. 及吾無身 吾有何患. 故貴以身爲
天下 若可寄天下, 愛以身爲天下 若可託天下.

오소이유대환자 위오유신. 급오무신 오유하환. 고귀이신위천하 약가기천하, 애이신위천하 약가탁천하.

환란을 내 몸처럼 귀하게 여긴다 함은 무슨 뜻인가? 내가 환란을 당하는 것은 내가 몸을 가지고 있기 때문이다. 나에게 몸이 없다면 내게 무슨 환란이 있겠는가? 그러므로 천하를 내 몸처럼 귀하게 여기는 사람에게는 가히 천하를 맡길 수 있고, 천하를 내 몸처럼 사랑하는 사람이야말로 천하를 맡을 자격이 있다.

*몸이 있어 온갖 고통도 받겠지만 그 안에서 존재의 층차를 상승시킬 수 있는 위대한 기회 또한 있다.

患者 爲吾有身. 及吾

無身 吾有何患. 故貴

以身爲天下 若可寄天

下, 愛以身爲天下 若

可託天下.

視之不見 名曰夷, 聽之不聞 名曰希, 搏之不得 名曰微. 此三者
不可致詰 故混而爲一. 其上不皦, 其下不昧, 繩繩不可名

시지불견 명왈이, 청지불문 명왈희, 박지불득 명왈미. 차삼자 불가치힐 고혼이위일. 기상불교, 기하불매, 승승불가명

더 이상 밝을 수도 없고, 더 이상 어두울 수도 없으며, 눈으로 보아도 볼 수 없는 것을 이름 하여 '이'라 하고, 귀를 기울여도 들을 수 없는 것을 이름 하여 '희'라 하며, 손을 내밀어도 잡을 수 없는 것을 이름 하여 '미'라 한다. 이 세 가지(이, 희, 미)는 묻고 따질 수가 없으니 혼연일체가 된다.

*이(夷): 가시광선 너머 고층차 세계의 시각정보 *희(希): 가청주파수 너머의 고층차 세계의 파동정보 *미(微): 우리 감각을 넘어선 극미시세계를 이른다.

視 之 不 見　名 曰 夷,　聽
之 不 聞　名 曰 希,　搏 之
不 得　名 曰 微.　此 三 者
不 可 致 詰　故 混 而 爲 一.
其 上 不 皦,　其 下 不 昧,
繩 繩 不 可 名　復 歸 於 無

視 之 不 見　名 曰 夷,　聽
之 不 聞　名 曰 希,　搏 之
不 得　名 曰 微.　此 三 者
不 可 致 詰　故 混 而 爲 一.
其 上 不 皦,　其 下 不 昧,
繩 繩 不 可 名　復 歸 於 無

오십에 쓰는, 도덕경 道德經

復歸於無物. 是謂無狀之狀, 無物之象 是謂惚恍. 迎之不見其首,隨之不見其後. 執古之道 以御今之有 能知古始 是謂道紀.

복귀어무물. 시위무상지상, 무물지상 시위홀황. 영지불견기수, 수지불견기후. 집고지도 이어금지유 능지고시 시위도기.

끝없이 이어지니 무어라 이름을 붙일 수도 없어 결국은 무의 세계로 돌아간다. 모양은 있지만 형용할 수가 없고, 형체는 있으나 나타낼 수가 없으니 그저 황홀이라 일컫는다. 앞에서 살펴봐도 그 머리를 볼 수 없고, 뒤따르면서 봐도 그 꽁지를 볼 수 없다. 태고의 도를 가지고 오늘의 일을 살피면 그 시초를 알 수 있으니 이를 일러 도의 실마리라 한다.

*태고의 도란 만물의 근본인 최고 원시 입자이며, 인간 인지능력 밖의 극미시 입자이다.

物. 是謂無狀之狀, 無

物之象 是謂惚恍. 迎

之不見其首, 隨之不見

其後. 執古之道 以御

今之有 能知古始 是

謂道紀.

古之善爲士者 微妙玄通 深不可識. 夫唯不可識 故强爲之容
豫焉若冬涉川, 猶兮若畏四隣, 儼兮其若容. 渙兮若氷之將釋,

고지선위사자 미묘현통 심불가식. 부유불가식 고강위지용 예언약동섭천, 유혜약외사린, 엄혜기약용. 환혜약빙지장석.

예로부터 도를 밝게 행하는 사람은 그 통함이 지극히 미묘해서 깊이를 가늠할 수가 없다. 그것은
알 길이 없지만 굳이 형용하자면 겨울에 언 강을 건너듯 신중하고, 사방의 이웃을 대하듯 조심스러
우니, 그 모습이 참으로 엄숙하여라. 얼음을 녹이듯 (사람의 경직된 마음을) 풀어주고,

古之善爲士者　微妙玄

通　深不可識.　夫唯不

可識　故强爲之容　豫

焉若冬涉川,　猶兮若畏

四隣,　儼兮其若容.　渙

兮若氷之將釋,　敦兮其

古之善爲士者　微妙玄

通　深不可識.　夫唯不

可識　故强爲之容　豫

焉若冬涉川,　猶兮若畏

四隣,　儼兮其若容.　渙

兮若氷之將釋,　敦兮其

敦兮其若樸, 曠兮其若谷, 混兮其若濁. 孰能濁以靜之徐清, 孰能安以久動之徐生. 保此道者 不欲盈. 夫唯不盈 故能蔽不新成.

돈혜기약박, 광혜기약곡, 혼혜기약탁. 숙능탁이정지서청, 숙능안이구동지서생. 보차도자 불욕영. 부유불영 고능폐불신성.

믿음직하기는 큰 나무와 닮았으며, 확 트여 흐르니 계곡 물과 같고, 흙탕물처럼 세속에 섞여 조화를 이루네. 누가 능히 탁한 것을 고요하게 하여 서서히 맑아지게 하며, 누가 능히 가만히 있던 것을 움직여 서서히 생동하게 할 수 있을까? 도를 지켜가는 사람은 욕심의 그릇을 채우려 하지 않는다. 욕심을 채우려 하지 않으므로 옛 것을 폐하고 새로운 것을 이루려 하지 않는다.

若樸, 曠兮其若谷, 混

兮其若濁. 孰能濁以靜

之徐清, 孰能安以久動

之徐生. 保此道者 不

欲盈. 夫唯不盈 故能

蔽不新成.

致虛極 守靜篤. 萬物竝作 吾以觀復. 夫物芸芸 各復歸其根. 歸
根曰靜, 是謂復命. 復命曰常, 知常曰明.

치허극 수정독. 만물병작 오이관복. 부물예예 각복귀기근. 귀근왈정, 시위복명. 복명왈상, 지상왈명.

비움이 지극하면 고요함과 돈독함을 지킬 수 있다. 만물이 연이어 생겨나지만 나는 그들이 돌아가는 것을 보았네. 무성하게 피어나도 결국은 모두 자신의 뿌리로 돌아가더라. 뿌리로 돌아가 고요함을 얻으니, 이를 일러 명을 회복한다 하겠다. 명을 회복하여 한결 같아지고, 한결같을 줄 아니 밝아진다.

致虛極　守靜篤.　萬物

竝作　吾以觀復.　夫物

芸芸　各復歸其根.　歸

根曰靜,　是謂復命.　復

命曰常,　知常曰明.　不

致虛極　守靜篤.　萬物

竝作　吾以觀復.　夫物

芸芸　各復歸其根.　歸

根曰靜,　是謂復命.　復

命曰常,　知常曰明.　不

不知常 妄作凶, 知常容, 容乃公. 公乃王 王乃天 天乃道, 道乃
久. 沒身不殆.

불지상 망작흉. 지상용. 용내공. 공내왕 왕내천 천내도, 도내구. 몰신불태.

한결같음을 알지 못하면 망령되이 흉한 짓을 하고, 한결같음을 알면 너그러워지며, 너그러워지면
공평해진다. 공평해지면 왕과 같아서 곧 하늘과 통하게 되니 하늘은 곧 도이며, 도는 장구한 것이
다. 그리하여 죽는 날까지 위태롭지 않게 된다.

知常　妄作凶,　知常容,

容乃公.　公乃王　王乃

天　天乃道,　道乃久.

沒身不殆.

大道廢 有仁義, 慧智出 有大僞. 六親不和 有孝慈, 國家昏亂
有忠臣.

대도폐 유인의, 혜지출 유대위, 육친불화 유효자, 국가혼란 유충신.

대도가 없어지면 인의를 거론하게 되고, (대도 없이) 알음알이가 나타나면 큰 위선이 있게 된다. 가족 관계가 조화롭지 못하면 효나 자애를 거론하게 되고, 나라가 혼란할 때 충신을 논하게 된다.

오십에 쓰는, 도덕경 道德經

大道廢　有仁義,　慧智

出　有大僞.　六親不和

有孝慈,　國家昏亂　有

忠臣.

大道廢　有仁義,　慧智

出　有大僞.　六親不和

有孝慈,　國家昏亂　有

忠臣.

絶聖棄智 民利百倍. 絶仁棄義 民復孝慈. 絶巧棄利 盜賊無有.
此三者以爲文不足. 故令有所屬 見素抱樸, 少私寡欲.

절성기지 민리백배. 절인기의 민복효자. 절교기리 도적무유. 차삼자이위문불족. 고령유소속 견소포박, 소사과욕.

성스럽다거나 지혜로운 티를 버리면 백성들의 이로움이 백배가 된다. 인이나 의라는 추구마저 버리면 사람들이 효성과 자애로움을 회복할 것이다. 꾸밈과 이해관계를 버리면 도둑이 있을 리 없다. 이 세 가지는 글로써 그 속뜻을 표현하기 어렵다. 그러므로 한 마디 덧붙이자면 소박하게 살고, 사사로운 욕심을 줄여라.

*과시욕, 인정욕을 버림을 뜻한다. *견소포박: 물들이지 않은 명주, 다듬지 않은 통나무와 같은 소박함

絶聖棄智　民利百倍.

絶仁棄義　民復孝慈.

絶巧棄利　盜賊無有.

此三者以爲文不足.　故

令有所屬　見素抱樸,

少私寡欲.

絶學無憂. 唯之與阿 相去幾何. 善之與惡 相去若何. 人之所畏
不可不畏. 荒兮其未央哉. 衆人熙熙 如享太牢, 如春登臺.

절학무우. 유지여아 상거기하. 선지여악 상거약하. 인지소외 불가불외. 황혜기미앙재. 중인희희 여향태뢰. 여춘등대.

배움을 중단하면 근심이 없어진다. '예'라는 말과 '응'이라는 말은 그 차이가 얼마나 되겠는가? 선하다는 것과 악하다는 것의 차이가 얼마이겠는가? 사람들이 두려워하는 것을 나도 두려워해야 하는가? 참으로 허황되기 그지없다. 속세 사람들은 이런저런 일에 즐거워하기를 소를 잡아 제사를 지내는 것처럼 하고, 봄날에 정자에 오르듯 한다.

*세속적, 경쟁적 공부를 이름

絶學無憂. 唯之與阿
相去幾何. 善之與惡
相去若何. 人之所畏
不可不畏. 荒兮其未央
哉. 衆人熙熙 如享太
牢, 如春登臺. 我獨泊

絶學無憂. 唯之與阿
相去幾何. 善之與惡
相去若何. 人之所畏
不可不畏. 荒兮其未央
哉. 衆人熙熙 如享太
牢, 如春登臺. 我獨泊

我獨泊兮其未兆 如嬰兒之未孩. 儽儽兮若無所歸. 衆人皆有
餘而我獨若遺. 我愚人之心也哉沌沌兮.

아독박혜기미조 여영아지미해. 래래혜약무소귀. 중인개유여 이아독약유. 아우인지심야재 돈돈혜.

나 홀로 담박하여 미동조차 않으니 아직 어린애도 아닌 갓난아이와 같구나. 게을러 돌아갈 곳을 잊은 것 같네. 사람들은 모두 흥청거리는데 나만 홀로 남겨진 것 같아라. 나는 어리석은 사람의 마음처럼 흐리멍텅하구나!

兮 其 未 兆　如 嬰 兒 之 未
孩.　儽 儽 兮 若 無 所 歸.
衆 人 皆 有 餘　而 我 獨 若
遺.　我 愚 人 之 心 也 哉
沌 沌 兮.

兮 其 未 兆　如 嬰 兒 之 未
孩.　儽 儽 兮 若 無 所 歸.
衆 人 皆 有 餘　而 我 獨 若
遺.　我 愚 人 之 心 也 哉
沌 沌 兮.

俗人昭昭 我獨昏昏, 俗人察察 我獨悶悶. 澹兮其若海, 飂兮若
無止. 衆人皆有以 而我獨頑似鄙. 我獨異於人 而貴食母.

속인소소 아독혼혼, 속인찰찰 아독민민, 담혜기약해, 로혜약무지, 중인개유이 이아독완사비, 아독이어인 이귀식모.

세상 사람들 모두 잇속에 훤한데 나 홀로 아둔하고, 세상 사람들 모두 이익을 살피는데 나 홀로 깊이 생각에 잠겼네. 바다처럼 담담하고, 바람소리는 그침이 없구나. 사람들 모두 챙기며 살아가는데 나 홀로 완고하고 비루해 보이리라. 나 홀로 사람들과 다른 까닭은 내가 만물을 먹이는 어머니(도)를 귀히 여기기 때문이다.

俗 人 昭 昭　我
獨 昏 昏,　俗 人 察 察　我
獨 悶 悶.　澹 兮 其 若 海,
飂 兮 若 無 止.　衆 人 皆 有
以　而 我 獨 頑 似 鄙.　我
獨 異 於 人　而 貴 食 母.

俗 人 昭 昭　我
獨 昏 昏,　俗 人 察 察　我
獨 悶 悶.　澹 兮 其 若 海,
飂 兮 若 無 止.　衆 人 皆 有
以　而 我 獨 頑 似 鄙.　我
獨 異 於 人　而 貴 食 母.

孔德之容 惟道是從. 道之爲物 惟恍惟惚. 惚兮恍兮 其中有象.
恍兮惚兮 其中有物. 窈兮冥兮 其中有精.

공덕지용 유도시종. 도지위물 유황유홀. 홀혜황혜 기중유상. 황혜홀혜 기중유물. 요혜명혜 기중유정.

위대한 덕의 모습은 오직 도를 따르는 데서 나온다. 도(모든 것의 근원)라고 하는 것은 그저 황홀할 뿐이다. 황홀하기 그지없지만 그 안에 형상이 있다. 황홀하기 그지없지만 그 안에 질료가 있다. 그 윽하고 어둡지만 그 안에 정밀함이 있다.

孔德之容　惟道是從.
道之爲物　惟恍惟惚.
惚兮恍兮　其中有象.
恍兮惚兮　其中有物.
窈兮冥兮　其中有精.

孔德之容　惟道是從.
道之爲物　惟恍惟惚.
惚兮恍兮　其中有象.
恍兮惚兮　其中有物.
窈兮冥兮　其中有精.

其精甚眞 其中有信. 自古及今 其名不去. 以閱衆甫. 吾何以知
衆甫之狀哉. 以此.

기정심진 기중유신. 자고급금 기명불거. 이열중보. 오하이지중보지상재. 이차.

정밀함은 지극히 참된 것으로써 그 안에는 믿음이 있다. 예로부터 이제까지 그 이름이 떠난 적이
없다. 그로써 만물의 근원을 알아본다. 내가 무엇으로 만물의 근원이 그러함을 알 수 있겠는가? 바
로 이 때문이다.

*도는 극미시 입자로 그 형상을 취하고 있다.

其 精 甚 眞　　其 中 有 信 .

自 古 及 今　　其 名 不 去 .

以 閱 衆 甫 .　　吾 何 以 知 衆

甫 之 狀 哉 .　　以 此 .

其 精 甚 眞　　其 中 有 信 .

自 古 及 今　　其 名 不 去 .

以 閱 衆 甫 .　　吾 何 以 知 衆

甫 之 狀 哉 .　　以 此 .

오십에 쓰는, 도덕경 道德經

曲則全, 枉則直, 窪則盈, 敝則新, 少則得, 多則惑. 是以聖人抱
一爲天下式. 不自見故明, 不自是故彰,

곡즉전, 왕즉직, 와즉영, 폐즉신, 소즉득, 다즉혹. 시이성인포일위천하식. 불자견고명, 불자시고창,

휘면 온전해지고, 굽으면 곧아질 수 있으며, 움푹 파이면 채워지게 되고, 낡으면 새로워지며, 적으면 얻게 되고, 많으면 미혹된다. 그러므로 성인은 하나(도)를 품고 천하의 법식으로 삼는다. 스스로를 드러내지 않기에 밝고, 스스로 옳다 하지 않기에 돋보이며,

*잃어야 얻는 우주 원리를 말한다.

曲 則 全, 枉 則 直, 窪 則
盈, 敝 則 新, 少 得 則,
多 則 惑. 是 以 聖 人 抱 一
爲 天 下 式. 不 自 見 故 明
不 自 是 故 彰, 不 自 伐 故

曲 則 全, 枉 則 直, 窪 則
盈, 敝 則 新, 少 得 則,
多 則 惑. 是 以 聖 人 抱 一
爲 天 下 式. 不 自 見 故 明
不 自 是 故 彰, 不 自 伐 故

不自伐故有功, 不自矜故長. 夫唯不爭 故天下莫能與之爭. 古之所謂曲則全者 豈虛言哉. 誠全而歸之.

불자벌고유공, 불자긍고장. 부유불쟁 고천하막능여지쟁. 고지소위곡즉전자 개허언재. 성전이귀지.

스스로 자랑하지 않기에 그 공이 자라고, 스스로 뽐내지 않기에 오래간다. 다투지 않기에 천하의 어떤 것도 그에 맞서지 못하는 것이다. 옛 말에 이르기를, 휘면 온전할 수 있다고 한 것이 어찌 빈말이겠는가? 성심으로 온전해지면 도로 돌아간다.

有功,　不自矜故長.　夫

唯不爭　故天下莫能與

之爭.　古之所謂曲則全

者　豈虛言哉.　誠全而

歸之.

希言自然. 故飄風不終朝, 驟雨不終日. 孰爲此者, 天地. 天地尚不能久, 而況於人乎. 故從事於道者, 同於道. 德者同於德失者同於失.

희언자연. 고표풍불종조, 취우불종일. 숙위차자, 천지. 천지상불능구, 이황어인호. 고종사어도자, 동어도. 덕자동어덕 실자동어실.

말이 없는 것이 자연스럽다. 그렇기에 회오리 바람은 아침 내내 불지 않고, 갑작스러운 비는 종일 내리지 않는다. 누가 이렇게 하는가, 하늘과 땅이다. (그런데) 하늘과 땅마저 늘 그렇지는 못하니, 하물며 사람은 어떠하랴. 그리하여 매사에 노를 따르는 사람은, 도와 하나가 된다. 덕 있는 이는 덕 과 하나가 되고 덕을 잃은 사람은 상실의 상태가 된다. *존재가 덕을 잃은 의식 수준 그 자체가 된다.

希言自然. 故飄風不終
朝, 驟雨不終日. 孰爲
此者, 天地. 天地尚不
能久, 而況於人乎. 故
從事於道者, 同於道.
德者同於德 失者同於

同於道者 道亦樂得之, 同於德者 德亦樂得之, 同於失者 失亦樂得之. 信不足焉有不信焉.

동어도자 도역락득지, 동어덕자 덕역락득지, 동어실자 실역락득지. 신불족언유불신언.

도와 하나가 된 사람은 그것을 얻었음을 즐거워하고, 덕과 하나가 된 사람은 역시 그것을 얻었음을 즐거워하며, 덕을 잃은 이조차도 자신의 그런 상태를 즐거워한다(각자 자기가 추구하던 것을 얻었기에 기뻐함을 이른다). (이런 진리에 대한) 믿음이 없으면 (말해줘도) 믿을 수 없으리라.

失. 同於道者　道亦樂

得之, 同於德者　德亦

樂得之, 同於失者　失

亦樂得之. 信不足焉有

不信焉.

跂者不立 跨者不行. 自見者不明, 自是者不彰, 自伐者無功, 自矜者不長. 其在道也曰餘食贅行物或惡之. 故有道者不處.

기자불립 과자불행. 자견자불명, 자시자불창, 자벌자무공, 자긍자불장. 기재도야 왈여식췌행 물혹오지. 고유도자불처.

발끝으로 선 사람은 제대로 설 수 없고 보폭이 너무 커도 걸을 수 없다. 자기를 드러내려는 사람은 밝게 빛날 수 없고, 스스로 의롭다 하는 사람은 돋보일 수 없으며, 자기를 자랑하는 사람은 그 공로를 인정받지 못하고, 스스로 뽐내는 사람은 오래갈 수 없다. 도의 입장에서 보면 이런 일은 밥찌꺼기 군더더기와 같은 행농으로 소물주가 싫어하는 것이다. 그러므로 도 있는 이는 그렇게 처신하지 않는다.

跂 者 不 立 跨 者 不 行
自 見 者 不 明 自 是 者 不
彰 自 伐 者 無 功 自 矜
者 不 長 其 在 道 也 曰
餘 食 贅 行 物 或 惡 之
故 有 道 者 不 處

跂 者 不 立　跨 者 不 行.

自 見 者 不 明, 自 是 者 不

彰, 自 伐 者 無 功, 自 矜

者 不 長. 其 在 道 也 曰

餘 食 贅 行　物 或 惡 之.

故 有 道 者 不 處.

有物混成 先天地生. 寂兮寥兮 獨立不改, 周行而不殆 可以爲天
母.吾不知其名字之曰道. 强爲之名曰大. 大曰逝,逝曰遠,遠曰反.

유물혼성 선천지생. 적혜요혜 독립불개. 주행이불태 가이위천하모. 오불지기명 자지왈도. 강위지명왈대. 대왈서, 서
왈원, 원왈반.

뒤범벅된 한 물건이 있으니 하늘과 땅보다 먼저 있었다. 소리도 없고 형체도 없음에도 홀로 변함없
이 존재하고, 두루 움직이나 위태롭지 않으니 가히 세상의 어머니라 하겠다. 나는 그 이름을 모르나
그저 '도'라 불러 본다. 구태여 이름하자면 '크다'고 하리라. 크다는 것은 뻗어 간다는 것이고, 끝없
이 뻗어 멀리 나아가는 것이며, 멀어지면 반드시 돌아오는 법이다.

有 物 混 成　先 天 地 生.

寂 兮 寥 兮　獨 立 不 改,

周 行 而 不 殆　可 以 爲 天

下 母. 吾 不 知 其 名　字

之 曰 道. 强 爲 之 名 曰 大.

大 曰 逝, 逝 曰 遠,　遠 曰

故道大, 天大, 地大, 王亦大. 域中有四大 而王居其一焉. 人法
地, 地法天, 天法道, 道法自然.

고도대, 천대, 지대, 왕역대. 역중유사대 이왕거기일언. 인법지, 지법천, 천법도, 도법자연.

그러므로 도도 크고, 하늘도 크고, 땅도 크며, 왕도 크다. 세상에는 네 가지 큰 것이 있는데 왕도 그 가운데 하나이다. 사람은 땅을 본받고, 땅은 하늘을 본받고, 하늘은 도를 본받고, 도는 '스스로 그러함'을 본받는다.

*왕은 꼭 군주가 아니라 천지의 조화를 이룬 사람을 뜻한다. *자연(自然)은 산수(山水)를 일컫는 것이 아니라 근원으로서 그저 그러함을 이른다.

反. 故道大, 天大, 地
大, 王亦大. 域中有四
大 而王居其一焉. 人
法地, 地法天, 天法道,
道法自然.

反. 故道大, 天大, 地
大, 王亦大. 域中有四
大 而王居其一焉. 人
法地, 地法天, 天法道,
道法自然.

重爲輕根 靜爲躁君. 是以聖人終日行 不離輜重. 雖有榮觀 燕
處超然 奈何萬乘之主而以身輕天下. 輕則失本 躁則失君.

중위경근 정위조군. 시이성인종일행 불리치중. 수유영관 연처초연 내하만승지주 이이신경천하. 경즉실본 조즉실군.

무거운 것은 가벼운 것의 뿌리이고 조용한 것은 조급한 것의 주인이다. 그러므로 성인은 하루 종일 다닐지라도 짐수레를 떠나지 않는다. 화려한 경관이 있을지라도 의연하고 초연할 뿐 만대의 전차 를 가진 나라의 임금이 어찌 세상에서 가볍게 처신할 수 있겠는가? 가볍게 처신하면 그 근본을 잃 게 되고 급하게 행동하면 임금의 자리를 잃게 된다.

*치중(輜重): 내가 지켜야 할 것을 상징 *모든 사람은 본래 광대한 영역의 왕이었다고 한다.

重爲輕根 靜爲躁君.

是以聖人終日行 不離

輜重. 雖有榮觀 燕處

超然 奈何萬乘之主

而以身輕天下. 輕則失

本 躁則失君.

重爲輕根 靜爲躁君.

是以聖人終日行 不離

輜重. 雖有榮觀 燕處

超然 奈何萬乘之主

而以身輕天下. 輕則失

本 躁則失君.

오십에 쓰는, 도덕경 道德經

善行無轍迹, 善言無瑕讁, 善數不用籌策. 善閉無關楗而不可開,
善結無繩約而不可解. 是以聖人常善救人, 故無棄人.

선행무철적, 선언무하적, 선수불용주책. 선폐무관건이불가개, 선결무승약이불가해. 시이성인상선구인, 고무기인.

잘 가는 이는 흔적을 남기지 않으며, 잘하는 말에는 흠이 없고, 계산을 잘하는 이는 주산(계산기)이
필요 없다. 잘 닫힌 문은 빗장이 없어도 열리지 않으며, 잘 맺어진 매듭은 묶지 않아도 풀리지 않는
다. 그러므로 성인은 언제나 사람을 잘 구하고, 아무도 버리지 않는다

善行無轍迹, 善言無瑕
讁, 善數不用籌策. 善
閉無關楗而不可開, 善
結無繩約而不可解. 是
以聖人常善救人, 故無
棄人.

善行無轍迹, 善言無瑕

讁, 善數不用籌策. 善

閉無關楗而不可開, 善

結無繩約而不可解. 是

以聖人常善救人, 故無

棄人.

常善救物 故無棄物 是謂襲明. 故善人者 不善人之師, 不善人
者善人之資. 不貴其師 不愛其資 雖智大迷 是謂要妙.

상선구물 고무기물 시위습명. 고선인자 불선인지사, 불선인자 선인지자. 불귀기사 불애기자 수지대미 시위요묘.

만물을 잘 대하고 무엇도 버리지 않는다면 이를 일러 밝음을 지녔다고 한다. 그러므로 선한 사람은
선하지 못한 사람의 스승이요, 선하지 못한 사람은 선한 사람의 자양분이 된다(반면교사로써 배울
점이 있다는 뜻). 스승(善)을 귀히 여기지 못하는 사람이나 불선(不善)을 애틋이 여기지 못하는 사
람은 비록 지혜로운 듯해도 크게 미혹된 상태이니 이것이 바로 묘한 요체이다.

常善救物　故無
棄物　是謂襲明.　故善
人者　不善人之師,　不
善人者　善人之資.　不
貴其師　不愛其資　雖
智大迷　是謂要妙.

常善救物　故無

棄物　是謂襲明.　故善

人者　不善人之師,　不

善人者　善人之資.　不

貴其師　不愛其資　雖

智大迷　是謂要妙.

知其雄 守其雌 爲天下谿, 常德不離 復歸於嬰兒. 知其白 守其
黑 爲天下式, 常德不忒 復歸於無極.

지기웅 수기자 위천하계, 상덕불리 복귀어영아. 지기백 수기흑 위천하식, 상덕불특 복귀어무극.

남자다움을 알면서도 여성스러움을 유지하면 세상의 시냇물이 될 것이니, 영원한 덕에서 떠나지 않고 갓난아기의 순수로 돌아가게 될 것이다. 흰 것을 알면서 검은 것을 유지하면 세상의 본보기가 될 것이니, 영원한 덕에서 어긋나지 않고 끝없는 본래 자리로 돌아가게 될 것이다.

知	其	雄		守	其	雌		爲	天
下	谿	,		常	德	不	離		復	歸
於	嬰	兒	.		知	其	白		守	其
黑		爲	天	下	式	,		常	德	不
忒		復	歸	於	無	極	.		知	其

知其榮 守其辱 爲天下谷, 常德乃足 復歸於樸. 樸散則爲器, 聖
人用之 則爲官長. 故大制不割.

지기영 수기욕 위천하곡, 상덕내족 복귀어박. 박산즉위기, 성인용지 즉위관장. 고대제불할.

영광을 알면서 오욕(汚辱)을 견디면 세상의 (텅 빈) 골짜기가 될 것이니, 영원한 덕이 풍족하게 되고 다듬지 않은 통나무와 같은 상태로 돌아가게 될 것이다. *樸: 무위(無爲)적인 상태를 이름. 다듬지 않은 통나무를 쪼개면 그릇이 되는데, 성인은 이를 사용하여 지도자가 된다. 정말로 훌륭한 지도자는 다듬는 일을 하지 않는다. *유위(有爲)적인 일을 하지 않는다는 뜻.

榮　守其辱　爲天下谷,

常德乃足　復歸於樸.

樸散則爲器,　聖人用之

則爲官長.　故大制不割.

榮　守其辱　爲天下谷,

常德乃足　復歸於樸.

樸散則爲器,　聖人用之

則爲官長.　故大制不割.

將欲取天下而爲之 吾見其不得已. 天下神器 不可爲也. 爲者
敗之, 執者失之. 故物或行或隨,

장욕취천하이위지 오견기불득이. 천하신기 불가위야. 위자패지, 집자실지. 고물혹행혹수.

세상을 틀어잡고 뭔가 해보겠다고들 나서지만 내가 보건대 필경 성공하지 못한다. 세상은 신령한
기물이니 거기에 함부로 뭘 하겠다고 할 수 없다. 유위로 무언가를 하겠다고 하면 망치고, 집착하면
오히려 잃고 말 것이다. 그러므로 만사는 앞서가는 것이 있는가 하면 뒤따르는 것도 있고,

將	欲	取	天	下	而	爲	之		吾
見	其	不	得	已	.		天	下	神	器
不	可	爲	也	.		爲	者	敗	之
執	者	失	之	.		故	物	或	行	或

或歔或吹, 或强或羸, 或挫或隳. 是以聖人 去甚去奢去泰.

혹허혹취, 혹강혹리, 혹좌혹휴. 시이성인 거심거사거태.

숨이 느린 것이 있는가 하면 빠른 것도 있으며, 강한 것이 있는가 하면 약한 것도 있고, 꺾이는 것이 있는가 하면 떨어지는 것도 있다. 따라서 성인은 극단을 버리고, 사치를 버리며, 과시를 피한다.

오십에 쓰는,

隨, 或歔或吹, 或强或

羸, 或挫或隳. 是以聖

人 去甚去奢去泰.

以道佐人主者 不以兵强天下, 其事好還 師之所處 荊棘生焉,
大軍之後 必有凶年.

이도좌인주자 불이병강천하, 기사호환 사지소처 형극생언, 대군지후 필유흉년.

도(道)로써 주군(주인공)을 보좌하는 이는 무력으로 세상에 나서지 않아야 하니, 그런 일은 돌아오게 마련이어서 군사가 주둔하던 곳엔 가시엉겅퀴가 자라나고, 큰 전쟁 뒤에는 반드시 흉년이 온다.

以	道	佐	人	主	者		不	以	兵
强	天	下	,	其	事	好	還		師
之	所	處		荊	棘	生	焉	,	大
軍	之	後		必	有	凶	年	.	善

善有果而已, 不敢以取強. 物壯則老 是謂不道 不道早已.

선유과이이, 불감이취강. 물장즉로 시위부도 불도조이.

훌륭한 이는 목적만 이루면 그칠 줄 알고, 감히 군림하려 하지 않는다. 무엇이나 장차 쇠하고 마는 것은 도(道)가 아닌 까닭이니 도가 아닌 것은 오래 가지 못하는 법이다.

오십에 쓰는,

有果而已, 不敢以取強.
物壯則老 是謂不道
不道早已.

有果而已, 不敢以取強.

物壯則老 是謂不道

不道早已.

善有果而已, 不敢以取強. 物壯則老 是謂不道 不道早已.

선유과이이, 불감이취강. 물장즉로 시위부도 불도조이.

훌륭한 이는 목적만 이루면 그칠 줄 알고, 감히 군림하려 하지 않는다. 무엇이나 장차 쇠하고 마는 것은 도(道)가 아닌 까닭이니 도가 아닌 것은 오래 가지 못하는 법이다.

夫佳兵者 不祥之器 物或惡之. 故有道者不處. 兵者不祥之器
非君子之器. 不得已而用之

부가병자 불상지기 물혹오지. 고유도자불처. 병자불상지기 비군자지기. 불득이이용지

무력을 좋아하는 자는 상서롭지 못하기에 이런 이는 조물주가 싫어한다. 그러므로 도 있는 이는 이
렇게 처신하지 않는다. 무력은 상서롭지 못하기에 군자가 쓸 것이 못 된다. 부득이하게 써야 할 경우

*物: 조물주

夫 佳 兵 者　不 祥 之 器

物 或 惡 之.　故 有 道 者 不

處.　兵 者 不 祥 之 器　非

君 子 之 器.　不 得 己 而 用

恬淡爲上 勝而不美. 而美之者 是樂殺人. 夫樂殺人者 則不可得志於天下矣.

념담위상 승이불미. 이미지자 시락살인. 부락살인자 즉불가득지어천하의.

조용함과 담담함을 으뜸으로 여겨, 이겨도 이를 미화하지 않는다. 이를 미화한다는 것은 살인을 즐기는 것과 다름없다. 살인을 즐거워하는 사람은 세상에 큰 뜻을 펼칠 수 없다.

오십에 쓰는, 도덕경 道德經

之　恬淡爲上　勝而不

美.　而美之者　是樂殺

人.　夫樂殺人者　則不

可得志於天下矣.

道常無名 樸雖小 天下莫能臣也. 侯王若能守之 萬物將自賓,
天地相合 以降甘露 民莫之令而自均.

도상무명 박수소 천하막능신야. 후왕약능수지 만물장자빈, 천지상합 이강감로 민막지령이자균.

도는 언제나 이름이 없나니 다듬지 않은 통나무처럼 (가치가)작아 보이나 이를 부릴 자 세상에 없
다. 위정자(주인공)가 이를 지킬 줄 알면 만물이 절로 손님처럼 와줄 것이요, 하늘과 땅이 서로 합
하여 감로를 내릴 것이니 명령 없이도 스스로 고르게 될 것이다.

道 常 無 名　樸 雖 小　天
下 莫 能 臣 也.　侯 王 若 能
守 之　萬 物 將 自 賓,　天
地 相 合　以 降 甘 露　民
莫 之 令 而 自 均.　始 制 有

道 常 無 名　樸 雖 小　天

下 莫 能 臣 也.　侯 王 若 能

守 之　萬 物 將 自 賓,　天

地 相 合　以 降 甘 露　民

莫 之 令 而 自 均.　始 制 有

始制有名 名亦旣有, 夫亦將知止. 知止可以不殆. 譬道之在天下 猶川谷之於江海.

시제유명 명역기유, 부역장지지. 지지가이불태. 비도지재천하 유천곡지어강해.

다듬지 않은 통나무가 마름질을 당하면 이름이 생기나니(유명해지니), 유명해지면 멈출 줄도 알아야 한다. 멈출 줄 알면 위태롭지 않게 된다. 이렇듯 세상에 도가 있음은 마치 계곡 물이 강과 바다로 흐르는 것과 같다.

*도를 따른다는 것은 개인적 에고(ego)가 전체성을 향해 나아가는 것이다.

名		名	亦	旣	有	,	夫	亦	將
知	止	.	知	止	可	以	不	殆	.
譬	道	之	在	天	下		猶	川	谷
之	於	江	海	.					

知人者智 自知者明. 勝人者有力 自勝者强. 知足者富, 强行者
有志 不失其所者久. 死而不亡者壽.

지인자지 자지지명. 승인자유력 자승자강. 지족자부, 강행자유지 불실기소자구. 사이불망자수.

남을 아는 것이 지혜라면 자기를 아는 것은 밝음이다. 남을 이기는 것이 힘이라면 자기를 이기는
것은 진정한 강함이다. 만족할 줄 알면 그것이 부유함이며, 힘써 행하는 것은 뜻이 있는 것이나 제
자리(道)를 잃지 않아야 오래(영원히) 간다. 그리하여 죽어도 죽지 않으니 무량수를 누리는 것이
다.

知人者智　自知者明.
勝人者有力　自勝者强.
知足者富,　强行者有志
不失其所者久.　死而不
亡者壽.

知人者智　自知者明.

勝人者有力　自勝者强.

知足者富,　强行者有志

不失其所者久.　死而不

亡者壽.

大道氾兮. 其可左右 萬物恃之而生而不辭, 功成不名有, 衣養
萬物而不爲主.

대도범혜, 기가좌우 만물시지이생이불사, 공성불명유, 의양만물이불위주.

큰 도가 범람하는구나! (성인은) 이쪽 저쪽 어디에나 매사에 도에 의지해 사는 것을 마다하지 않고,
일을 이루고도 명예를 드러내려 하지 않으며, 만물을 입히고 길러도 그 주인 노릇을 하지 않는다.

오십에 쓰는, 도덕경 道德經

大道氾兮. 其可左右
萬物恃之而生而不辭,
功成不名有, 衣養萬物
而不爲主. 常無欲 可

大道氾兮. 其可左右

萬物恃之而生而不辭,

功成不名有, 衣養萬物

而不爲主. 常無欲 可

常無欲 可名於小. 萬物歸焉 而不爲主 可名爲大. 以其終不自爲大. 故能成其大.

상무욕 가명어소. 만물귀언 이불위주 가명위대. 이기종불자위대. 고능성기대.

언제나 욕심이 없으니 이름하여 '작음'이라 하겠다. 온갖 것이 다 모여드나 주인 노릇을 하지 않으니 이름하여 '큼'이라 하겠다. 그러므로 성인은 스스로 크다하지 않는다. 그러기에 큰 일을 이룰 수 있는 것이다.

*성인은 욕심은 적고, 존재는 크다.

名	於	小	.	萬	物	歸	焉		而
不	爲	主		可	名	爲	大	.	以
其	終	不	自	爲	大	.	故	能	成
其	大	.							

執大象. 天下往, 往而不害 安平太. 樂與餌 過客止 道之出口
淡乎其無味. 視之不足見 聽之不足聞 用之不足既.

집대상. 천하왕, 왕이불해 안평태. 락여이 과객지 도지출구 담호기무미. 시지불족견 청지불족문 용지불족기.

위대한 형상(도)을 굳게 잡아라. 세상이 모두 그대에게 모여들 것이니, 모여서 해로움이 없을 것이며 평안하고 태평할 것이다. 음악이나 별미로는 지나는 사람을 잠시 머물게 할 수 있으나 도에 대한 말은 담박하여 별맛이 없다. 도는 보아도 보이지 않고 들어도 들리지 않지만 써도 써도 다함이 없다.

執大象. 天下往, 往而

不害 安平太. 樂與餌

過客止 道之出口 淡

乎其無味. 視之不足見

聽之不足聞 用之不足

既.

將欲歙之 必固張之, 將欲弱之 必固强之. 將欲廢之 必固興之,
將欲奪之 必固與之. 是謂微明.

장욕흡지 필고장지, 장욕약지 필고강지, 장욕폐지 필고흥지, 장욕탈지 필고여지, 시위미명.

오므리려면 먼저 펴야 하고, 약하게 하려면 일단 강해야 한다. 없애려 하면 먼저 흥하게 하고, 빼앗으려면 일단 주어야 한다. 이것을 일러 '미묘한 밝음'이라 한다.

將欲歙之　必固張之,
將欲弱之　必固强之.
將欲廢之　必固興之,
將欲奪之　必固與之.
是謂微明.

將欲歙之　必固張之,

將欲弱之　必固强之.

將欲廢之　必固興之,

將欲奪之　必固與之.

是謂微明.

柔弱勝剛强. 魚不可脫於淵 國之利器 不可以示人.

유약승강강. 어불가탈어연 국지리기 불가이시인.

유약한 것이 강한 것을 이기는 법이다. 물고기가 연못을 벗어나면 안되듯이 나라의 날카로운 무기도 사람들에게 보여서는 안 된다.

*개인의 입장에서는 자신의 무기(장점)를 내놓고 자랑하지 않아야 한다는 것이다.

오십에 쓰는, 도덕경 道德經

柔弱勝剛强.

魚不可脫於淵　國之利

器　不可以示人.

柔弱勝剛强.

魚不可脫於淵　國之利

器　不可以示人.

柔弱勝剛强. 魚不可脫於淵 國之利器 不可以示人.

유약승강강. 어불가탈어연 국지리기 불가이시인.

유약한 것이 강한 것을 이기는 법이다. 물고기가 연못을 벗어나면 안되듯이 나라의 날카로운 무기도 사람들에게 보여서는 안 된다.

*개인의 입장에서는 자신의 무기(장점)를 내놓고 자랑하지 않아야 한다는 것이다.

道常無爲而無不爲. 侯王若能守之 萬物將自化. 化而欲作 吾將鎭之以無名之樸. 無名之樸. 夫亦將無欲, 不欲以靜 天下將自定.

도상무위이무불위. 후왕약능수지 만물장자화. 화이욕작 오장진지이무명지박. 무명지박. 부역장무욕, 불욕이정 천하장자정.

도는 늘 억지로 하지 않지만 안 되는 것이 없다. 다스리는 이가 이(무위)를 지키면 만물이 저절로 이루어진다. 저절로 되는데도 욕심이 생기면 이름 없는 통나무로 그 욕심을 누른다. 이름 없는 통나무라. 욕심이 사라지니, 욕심이 없으면 고요해지고 천하가 안정되리라.

*이름 없는 통나무란 세상 사람 아무도 바라지 않는 무위, 무집착을 이른다.

道常無爲而無不爲. 侯

王若能守之 萬物將自

化. 化而欲作 吾將鎭

之以無名之樸. 無名之

樸. 夫亦將無欲, 不欲

以靜 天下將自定.

道常無爲而無不爲. 侯

王若能守之 萬物將自

化. 化而欲作 吾將鎭

之以無名之樸. 無名之

樸. 夫亦將無欲, 不欲

以靜 天下將自定.

道可道 非常道, 名可
名 非常名. 無名 天
地之始, 有名 萬物之
母. 故常無欲以觀其妙,
常有欲以觀其徼. 此兩
者同, 出而異名. 同謂
之玄. 玄之又玄. 衆妙
之門.

天下皆知美之為美　斯

惡已，皆知善之為善

斯不善已．故有無相生，

難易相成，長短相形，

高下相傾，音聲相和，

前後相隨．是以　聖人

處無為之事，行不言之

教．萬物作焉而不辭，

生而不有，為而不恃，

功成而不居．夫唯不居，

是而不去．

不尚賢　使民不爭. 不
貴難得之貨　使民不爲
盜. 不見可欲　使民心
不亂. 是以聖人之治
虛其心, 實其腹, 弱其
志, 强其骨. 常使民無
知無欲, 使夫知者不敢
爲也. 爲無爲　則無不
治.

道沖而用之，或不盈

淵兮似萬物之宗。挫其

銳，解其紛，和其光

同其塵。湛兮似或存

吾不知誰之子，象帝之先。

天地不仁，以萬物為芻

狗。聖人不仁，以百姓

為芻狗。天地之間，其

猶橐籥乎。虛而不屈，

動而愈出。多言數窮，

不如守中。

谷神不死, 是謂玄牝.

玄牝之門 是謂天地根.

綿綿若存, 用之不勤.

天長地久. 天地所以能

長且久者 以其不自生.

故能長生. 是以聖人後

其身而身先, 外其身而

身存. 非以其無私耶

故能成其私.

上善若水　水善利萬物
而不爭，處衆人之所惡.
故幾於道. 居善地　心
善淵. 與善仁　言善信
正善治. 事善能　動善
時. 夫唯不爭　故無尤.
持而盈之　不如其已.
揣而鋭之　不可長保.
金玉滿堂　莫之能守.
富貴而驕　自遺其咎.
功遂身退　天之道.

載營魄抱一　能無離乎.
專氣致柔　能嬰兒乎. 道德經
滌除玄覽　能無疵乎.
愛民治國　能無爲乎.
天門開闔　能爲雌乎.
明白四達　能無知乎.
生之畜之.　生而不有,
爲而不恃,　長而不宰,
是謂玄德.

三十輻共一　當其無

有車之用． 埏埴以為器

當其無 有器之用． 鑿

戶牖以為室 當其無

有室之用． 故有之以為

利 無之以為用．

五色令人目盲， 五音令

人耳聾， 五味令人口爽

馳騁畋獵令人心發狂，

難得之貨令人行妨． 是

以聖人為腹 不為目．

故去彼取此．

寵辱若驚　貴大患若身

何謂寵辱若驚. 寵為下

得之若驚　失之若驚.

是謂寵辱若驚. 何謂貴

大患若身. 吾所以有大

患者　為吾有身. 及吾

無身　吾有何患. 故貴

以身為天下　若可寄天

下, 愛以身為天下　若

可託天下.

繩繩不可名　復歸於無

之不聞　名曰希，搏之

不得　名曰微．此三者

不可致詰　故混而爲一．

其上不皦，其下不昧，

繩繩不可名　復歸於無

物．是謂無狀之狀，無

物之象　是謂惚恍．迎

之不見其首，隨之不見

其後．執古之道　以御

今之有　能知古始　是

謂道紀．

古之善爲士者　微妙玄
通　深不可識. 夫唯不
可識　故強爲之容　豫
焉若冬涉川, 猶兮若畏
四隣, 儼兮其若容. 渙
兮若氷之將釋, 敦兮其
若樸, 曠兮其若谷, 混
兮其若濁. 孰能濁以靜
之徐清, 孰能安以久動
之徐生. 保此道者　不
欲盈. 夫唯不盈　故能

蔽不新成.

致虛極 守靜篤. 萬物

並作 吾以觀復. 夫物

芸芸 各復歸其根. 歸

根曰靜, 是謂復命. 復

命曰常, 知常曰明. 不

知常 妄作凶, 知常容,

容乃公. 公乃王 王乃

天 天乃道, 道乃久.

沒身不殆.

大道廢 有仁義, 慧智出 有大僞. 六親不和_{道德經}有孝慈, 國家昏亂 有忠臣.

絶聖棄智 民利百倍.
絶仁棄義 民復孝慈.
絶巧棄利 盜賊無有.
此三者以爲文不足. 故令有所屬 見素抱樸,
少私寡欲.

絕學無憂. 唯之與阿

相去幾何. 善之與惡

相去若何. 人之所畏

不可不畏. 荒兮其未央

哉. 眾人熙熙 如享太

牢, 如春登臺. 我獨泊

兮其未兆 如嬰兒之未

孩. 儽儽兮若無所歸.

眾人皆有餘 而我獨若

遺. 我愚人之心也哉

沌沌兮. 俗人昭昭 我

獨昏昏, 俗人察察 我

獨悶悶. 澹兮其若海,

飂兮若無止. 衆人皆有

以 而我獨頑似鄙. 我

獨異於人 而貴食母.

孔德之容 惟道是從.

道之爲物 惟恍惟惚.

惚兮恍兮 其中有象.

恍兮惚兮 其中有物.

窈兮冥兮 其中有精.

其精甚真　其中有信.

自古及今　其名不去.

以閱眾甫.　吾何以知眾

甫之狀哉.　以此.

曲則全，枉則直，窪則

盈，敝則新，少得則，

多則惑.　是以聖人抱一

爲天下式.　不自見故明

不自是故彰，不自伐故

有功, 不自矜故長. 夫
唯不爭 故天下莫能與
之爭. 古之所謂曲則全
者 豈虛言哉. 誠全而
歸之.

希言自然. 故飄風不終
朝, 驟雨不終日. 孰為
此者, 天地. 天地尚不
能久, 而況於人乎. 故
從事於道者, 同於道.
德者同於德 失者同於

失. 同於道者 道亦樂得之, 同於德者 德亦樂得之, 同於失者 失亦樂得之. 信不足焉有不信焉.

跂者不立 跨者不行. 自見者不明, 自是者不彰, 自伐者無功, 自矜者不長. 其在道也 曰餘食贅行 物或惡之. 故有道者不處.

有物混成　先天地生.

寂兮寥兮　獨立不改,

周行而不殆　可以爲天

下母.　吾不知其名　字

之曰道.　強爲之名曰大.

大曰逝,　逝曰遠,　遠曰

反.　故道大,　天大,　地

大,　王亦大.　域中有四

大　而王居其一焉.　人

法地,　地法天,　天法道,

道法自然.

重爲輕根　静爲躁君．

是以聖人終日行　不離

輜重．雖有榮觀　燕處

超然　奈何萬乘之主

而以身輕天下．輕則失

本　躁則失君．

善行無轍迹，善言無瑕

讁，善數不用籌策．善

閉無關楗而不可開，善

結無繩約而不可解．是

以聖人常善救人，故無

棄人. 常善救物 故無

棄物 是謂襲明. 故善

人者 不善人之師, 不

善人者 善人之資. 不

貴其師 不愛其資 雖

智大迷 是謂要妙.

知其雄 守其雌 為天

下谿, 常德不離 復歸

於嬰兒. 知其白 守其

黑 為天下式, 常德不

惑　　復歸於無極. 知其

榮　守其辱　為天下谷,

常德乃足　復歸於樸.

樸散則為器, 聖人用之

則為官長. 故大制不割.

將欲取天下而為之　吾

見其不得已. 天下神器

不可為也. 為者敗之,

執者失之. 故物或行或

隨, 或歔或吹, 或強或

贏, 或挫或隳. 是以聖

人 　去甚去奢去泰.

以道佐人主者　　不以兵

強天下, 其事好還　師

之所處　荊棘生焉, 大

軍之後　必有凶年. 善

有果而已, 不敢以取強.

物壯則老　是謂不道

不道早已.

夫佳兵者　不祥之器
物或惡之．故有道者不
處．兵者不祥之器　非
君子之器．不得已而用
之　恬淡爲上　勝而不
美．而美之者　是樂殺
人．夫樂殺人者　則不
可得志於天下矣．

道常無名　樸雖小　天
下莫能臣也. 侯王若能
守之　萬物將自賓, 天
地相合　以降甘露　民
莫之令而自均. 始制有
名　名亦旣有, 夫亦將
知止. 知止可以不殆.
譬道之在天下　猶川谷
之於江海.

知人者智　自知者明.

勝人者有力　自勝者強.

知足者富,　強行者有志

不失其所者久.　死而不

亡者壽.

大道氾兮.　其可左右

萬物恃之而生而不辭,

功成不名有,　衣養萬物

而不爲主.　常無欲　可

名於小.　萬物歸焉　而

不爲主　可名爲大. 以

其終不自爲大. 故能成

其大.

執大象. 天下往, 往而

不害　安平太. 樂與餌

過客止　道之出口　淡

乎其無味. 視之不足見

聽之不足聞　用之不足

旣.

將欲歙之　必固張之,

將欲弱之　必固强之.

將欲廢之　必固興之,

將欲奪之　必固與之.

是謂微明. 柔弱勝剛強.

魚不可脫於淵　國之利

器　不可以示人.

道常無為而無不為. 侯

王若能守之　萬物將自

化. 化而欲作　吾將鎮

之以無名之樸. 無名之

樸. 夫亦將無欲, 不欲

以靜　天下將自定.

하루 10분, 고전 필사 04

오십에 쓰는 도덕경道德經

초판1쇄 인쇄 2024년 4월 19일
초판1쇄 발행 2024년 5월 01일

지은이 타타오(한치선)
펴낸이 최병윤
펴낸곳 운곡서원
출판등록 2013년 7월 24일 제2022-000213호
주소 서울시 마포구 월드컵로10길 28, 202호
전화 02-334-4045
팩스 02-334-4046

종이 일문지업
인쇄 수이북스

ⓒ한치선
ISBN 979-11-91553-86-4 04150
가격 8,500원